AMADIS DE GRECE,

TRAGEDIE

REPRÉSENTÉE POUR LA PREMIERE FOIS PAR L'ACADEMIE ROYALE DE MUSIQUE,

Le Jeudy vingt-sixiéme jour de Mars 1699.

Remise au Théatre le 3. Novembre 1711.

A PARIS,
Chez CHRISTOPHE BALLARD, seul Imprimeur du Roy pour la Musique, ruë S. Jean de Beauvais, au Mont-Parnasse.

M. DCCXI.

Avec Privilege de Sa Majesté.

LE PRIX EST DE TRENTE SOLS.

AU ROY.

GRAND ROY, c'est vainement qu'en t'offrant mon Ouvrage,
Tout semble à Te loüer exciter mon courage;
Vainement mon ardeur m'en veut faire une loy,
Ma Plume se refuse à ce pénible employ;
La langue desormais pour aider nôtre zéle,
N'a plus de tour heureux ni de grace nouvelle.

Mille fameux Auteurs à Ta gloire ont écrit;
Si LOUIS a tout fait, Apollon à tout dit.
De Ton Regne naissant, il a dit les miracles;
Ta Valeur toûjours prête à forcer les obstacles;
Cent Peuples en courant subjuguez à la fois,
Mais aussi-tost heureux que soûmis à Tes Loix;
La rebelle Heresie à tes pieds terrassée,
D'un cahos tenebreux Themis débarrassée;
Le Duel sans honneur chassé de tes Etats,
La Noblesse formée à de justes combats;
Les Arts Riches par toy des beautez souveraines
Qu'ils eurent autrefois dans Rome & dans Athenes;
Tous Tes instans marquez par les Vertus d'un Roy,
Et Tes Fils par Tes soins rendus dignes de Toy.
Que ces heureux Sujets ont illustré de Plumes!
Qu'écrire à Ta loüange aprés tant de Volumes?
Non qu'encore aujourd'huy Tes nouvelles Vertus
De nos Ecrits pour Toy n'exigent les tributs.
Cent Travaux tous les jours de nouveau T'éternisent,
La matiére s'accroît; mais les forces s'épuisent,
Et nos Vers dépourvûs de sel & d'agrémens
N'ont pour Tes faits nouveaux que de vieux ornemens!

AU ROY.

L'Art, aprés tant d'efforts, impuiſſant pour Ta Gloire,
Se doit d'un ſoin ſi beau repoſer ſur l'Hiſtoire :
Qu'elle ſeule Te loüe, & que de mes Ecrits
Tes plaiſirs deſormais ſoient l'objet & le prix.

HOUDAR DE LA MOTTE.

PERSONNAGES DU PROLOGUE.

ZIRPHE'E, *Enchantereſſe*, Mademoiſelle Pouſſin.
ZIRENE, *Enchanteur*, *Amy de Zirphée*, Monſieur Hardoüin.
TROUPES de Femmes de la ſuite de Zirphée; de Genies; de Statuës animées; & d'Eſprits volants.

DIVERTISSEMENT.

GENIES.

Monſieur Dangeville,
Meſſieurs Germain, Dumoulin-L. F-Dumoulin & D-Dumoulin.

SUITE DE ZIRPHE'E.

Meſdemoiſelles Chaillou, Lemaire, Menés, Maugis, Iſec & Haran.

Noms des Actrices & des Acteurs, chantants dans les Chœurs du Prologue, & de la Tragedie.

SECOND RANG. PREMIER RANG.

MESDEMOISELLES

Second Rang		Premier Rang	
Linbour.	Du Laurier.	Ducemetiere.	Boiſé.
Loignon.	Tetler.	Guillet.	Billon.
Dulaurent.		d'Hucqueville.	

MESSIEURS

Juliard.	Alexandre.	Dun-Fils.	Flamand.
Le Jeune.	Morand.	Paris.	Corbin.
Lebel.	Devillier.	Thomas.	Renard.
Deshayes.	Dupleſſis.	Corby.	La Vigne.
Cadot.	Verny.	Courteil.	Deſouche.
Renard.			

PROLOGUE.

LE Théatre represente un Monument magnifique élevé à la gloire d'Amadis de Grece. Aux côtez d'une Allée de Lauriers on voit des Statuës qui marquent les Vertus de ce Héros. Au milieu est un Amphithéatre, sur lequel s'éleve une Piramide entre quatre Colonnes, dont les Pied'estaux sont ornez de Bas-reliefs, qui representent les Exploits d'Amadis : La Pyramide a de pareils ornements. On y voit de plus le Chiffre d'Amadis entre deux Renommées, & au haut l'ardente Epée, qui étoit la Devise de ce Chevalier.

ZIRPHE'E.

Tout célébre icy le courage
D'un Vainqueur dont le Monde admira les Travaux.
Ce Monument est un hommage
Que mon Art voulut rendre au plus grãd des Héros :

D'Amadis j'y traçay l'Histoire,
Mais on ne luy doit plus ce Titre glorieux,
Ce sejour n'est plus fait pour annoncer sa gloire,
D'autres Exploits vont embellir ces lieux.

Esprits qui me servez, remplissez mon attente,
Volez, volez de toutes parts,
Effacez les Travaux que ce lieu represente,
Qu'une Histoire plus éclatante
Etonne & charme les regards.
Esprits qui me servez, remplissez mon attente,
Volez, volez de toutes parts.

Plusieurs Esprits volent à l'ordre de Zirphée & viennent changer les Bas-reliefs qui representent les Travaux du Roy au lieu de ceux d'Amadis. Deux Esprits enlevent l'ardente Epée du haut de la Pyramide, & deux autres y viennent poser un Soleil.

ZIRPHE'E.

Que tout icy s'anime, & que tout me réponde.

Toutes les Statuës s'animent, sortent de leurs Attitudes & s'unissent avec Zirphée pour Celebrer la gloire du Roy.

ZIRPHE'E & LE CHOEUR.

Pour chanter ce Vainqueur élevons nos Concerts,
Son Nom remplit la Terre & l'Onde,
Il est l'honneur de l'Univers,
Son Eloge est gravé dans tous les cœurs du Monde.

Des Genies applaudiſſent au deſſein de Zirphée par leurs Danſes, & les femmes de ſa ſuite ſe mêlent avec eux.

ZIRENE, étonné de la nouvelle hiſtoire que le Monument repreſente.

Que d'Exploits éclatans s'offrent à mes regards!
Quel Heros ſur ſes pas enchaîne la Victoire?
Qu'il abat d'Ennemis! qu'il briſe de Remparts!
En vain tout l'Univers s'arme contre ſa gloire,
Il triomphe de toutes parts.

CHOEUR.

Que d'Exploits éclatans s'offrent à nos regards!
Quel Heros ſur ſes pas enchaîne la Victoire?
Qu'il abat d'Ennemis! qu'il briſe de Remparts!
En vain tout l'Univers s'arme contre ſa gloire,
Il triomphe de toutes parts.

ZIRPHE'E, & ZIRENE, alternativement avec le Chœur.

Goûtez, Mortels, une paix ſalutaire,
C'eſt un Heros qui s'en rend le ſoûtien,
Il laiſſe enfin repoſer ſon Tonnere;
Il bannit la guerre,
N'en craignez plus rien:
Il prend le ſoin du bonheur de la Terre,
Et c'eſt au Ciel qu'il ſe remet du ſien.

On danſe.

ZIRPHE'E & ZIRENE, alternativement avec le Chœur.

Vivez heureux, c'est sa plus douce affaire;
Dans ses projets son but est vôtre bien:
Il laisse enfin reposer son Tonnere;
Il bannit la guerre,
N'en craignez plus rien:
Il prend le soin du bonheur de la Terre,
Et c'est au Ciel qu'il se remet du sien.

On danse.

ZIRPHE'E & ZIRENE.

Ses soins ont ramené le calme sur la Terre;
Que par ses soins il regne à jamais,
S'il est le Heros de la guerre,
Il est encore le Heros de la paix.

ZIRPHE'E.

Volez, volez, dans son Empire,
Plaisirs, prévenez tous ses veux,
C'est le plus grand Roy qui respire,
Qu'il soit toûjours le plus heureux.

CHOEUR.

Volez, volez, dans son Empire,
Plaisirs, prévenez tous ses vœux,
C'est le plus grand Roy qui respire,
Qu'il soit toûjours le plus heureux.

ZIRPHE'E.

Aprés avoir servi sa gloire,
Il faut pour ses plaisirs nous unir aujourd'huy:
Qu'un spectacle pompeux luy retrace l'histoire
D'un illustre Vainqueur qui ne céde qu'à luy.

Fin du Prologue.

ACTEURS
DE LA TRAGEDIE.

AMADIS DE GRECE,	Monſieur Thevenard,
LE PRINCE DE THRACE,	Monſieur Cochereau.
NIQUE'E, *Fille du Soudan de Thébes*,	Madame Peſtel.
MELISSE, *Magicienne*,	Mademoiſelle Journet,
ZIRPHE'E, *Enchantereſſe, Tante de Niquée*,	Mlle Pouſſin.
Troupes de Bergers, de Bergeres & de Paſtres.	
Un Berger,	Monſieur Buſeau
Troupe de Chevaliers & de Princeſſes enchantées.	
Un Chevalier enchanté,	Monſieur Hardoüin.
Une Princeſſe enchantée,	Mademoiſelle Pouſſin.
Troupe de Magiciens.	
Troupe de Démons.	
Troupe de Matelots & de Matelottes.	
Un Conducteur de Matelots,	Monſieur Hardoüin.
Un jeune Matelot,	Monſieur Buſeau.
L'Ombre du Prince de Thrace.	Monſieur Cochereau.
Troupe d'Eſprits ſous la forme de Guerriers.	
Autre Troupe d'Eſprits ſous la forme de divers Peuples.	
Autre Troupe d'Eſprits ſous la forme des Beautez les plus fameuſes.	

DIVERTISSEMENT DE LA TRAGEDIE.

PREMIER ACTE.

BERGERES.

Mesdemoiselles Prevôt, Guyot,
Mesdemoiselles Lemaire, Menés, Maugis, Isec, Mangot, Dufresne, Haran & Doslise.

UN PASTRE.

Monsieur F-Dumoulin.

DEUXIÉME ACTE.

CHEVALIERS ET PRINCESSES enchantez.

Monsieur D-Dumoulin,
Messieurs Germain, Dumoulin-L. Blondy, Marcel, Javilier & Gaudrau.
Mesdemoiselles Chaillou, Lemaire, Menés, Maugis, Dufresne & Dimanche.

TROISIÉME ACTE.

MAGICIENS.

Messieurs Germain, Marcel & Gaudrau.

DEMONS.

Monsieur Blondy,
Messieurs P-Dumoulin, Dangeville, Javillier, Pieret, Favier, Dumirail & Ramau.

QUATRIÉME ACTE.

MATELOTS.

Meſſieurs P-Dumoulin, Dangeville, Gaudrau & Pieret.

FEMME DE MATELOTS.

Mademoiſelle Prevôt.

Meſdemoiſelles Mangot, Dufreſne, Iſec & Boſliſe.

CINQUIÉME ACTE.

PEUPLES.

Meſſieurs Dumoulin-L., Marcel, P-Dumoulin, Dangeville, Javillier & Gaudrau.

Mademoiſelle Guyot.

Meſdemoiſelles Menés, Maugis, Dufreſne, Dimanche. Haran & Iſec.

AMADIS DE GRECE,

TRAGEDIE.

ACTE PREMIER.

Le Théatre represente les Jardins de Mélisse, d'où l'on découvre dans le fonds la Tour de Niquée.

La Scene se passe dans la Nuit.

SCENE PREMIERE.

AMADIS, LE PRINCE DE THRACE.

AMADIS.

Pendant que le sommeil ferme icy tous les yeux,
Allons, Prince, marchons, où m'attend la Victoire ;
Arrachons-nous aux charmes de ces lieux,
Ils n'ont que trop contraint mon amour & ma gloire.

LE PRINCE DE THRACE.

La Gloire assez long-tems vous a vû sous ses Loix,
Tout vous assure une illustre memoire,
Amadis a luy seul achevé plus d'Exploits,
Que l'avenir n'en pourra croire.

Répondez en ces lieux à de tendres desirs,
Melisse sent pour vous la flame la plus belle;
Mille appas sont icy le fruit de ses soupirs;
Quand son Art à vos yeux rassemble les plaisirs,
C'est son amour qui les appelle.

AMADIS.

Ah! c'est de cet amour que je fais mon tourment.
Quand ce Palais s'offrit à mon passage,
J'allois finir l'enchantement
De la Princesse qui m'engage.

Mélisse par ses soins me retint dans sa Cour,
Je crus que son accüeil naissoit de son estime;
Mais puisqu'il est l'effet de son fatal amour,
Prince, je me ferois un crime
De le nourrir par un plus long séjour.

LE PRINCE DE THRACE.

Pour prix d'une flame si tendre
Vous voulez qu'elle meure & vous l'abandonnez.
Quoy! sa beauté ne peut-elle vous rendre
Tout l'amour que vous luy donnez?

AMADIS.

Tu sçais l'objet à qui je rends les armes,
Et tu peux me vanter de si foibles attraits!
** les yeux qui connoissent ses traits,*
Peuvent-ils trouver d'autres charmes?

* Il luy montre le Portrait de Niquée.

LE PRINCE DE THRACE à part.

Ah! que ce souvenir redouble mes allarmes.

AMADIS.

Déja le bruit de ma valeur
A sçû fléchir pour moy cette auguste Princesse.
Il faut par mille efforts meriter mon bonheur
Et justifier sa tendresse.

Ne tardons plus, assûrons dés ce jour
Et mes plaisirs & ma mémoire.
Qu'il est doux d'accroistre sa gloire.
De ce qu'on fait pour son amour.

LE PRINCE DE THRACE.

Je ne m'oppose plus au soin qui vous agite,
Je combattois en vain un si pressant desir.
Demeurez. Je vais voir pour cacher nôtre fuite
L'endroit que nous devons choisir.

Il sort & va avertir Mélisse.

SCENE DEUXIÉME.

AMADIS seul.

O Nuit ! déploye icy tes voiles les plus sombres;
Sommeil, sous tes Pavots assoupi tous les yeux;
Pour fuir de ces funestes lieux
Prêtez-moy le secours du silence & des ombres.
Amour, obtiens pour moy qu'ils remplissent mes vœux;
Mon cœur a droit de le prétendre.
Tu n'as jamais servi de si beaux feux
Ni satisfait d'Amant si tendre.
O nuit ! déploye icy tes voiles les plus sombres;
Sommeil, sous tes Pavots assoupi tous les yeux;
Pour fuir de ces funestes lieux.
Prêtez-moy le secours du silence & des ombres.

La nuit se dissipe, une clarté magique éclaire les Jardins, il y naît des Berceaux, & des Fontaines, & une Troupe champêtre suscitée par Mélisse, vient s'opposer au départ d'Amadis.

Que voy-je ! quel prodige ! ô Cieux !
A quel Astre la nuit céde-t-elle ces lieux?
D'où vient qu'une Beauté nouvelle
Eclate icy de toutes parts?
Quel spectacle ! qui vous appelle?
Et quel enchantement vous offre à mes regards?

SCENE III.

SCENE TROISIE'ME.

AMADIS

Troupe de Bergers, de Bergeres, & de Pastres.

Un BERGER.

AVec l'amour tout peut nous plaire,
Rien n'est charmant sans son secours:
Il est le seul qui sçait nous faire
D'aimables lieux & de beaux jours.

CHOEUR.

Cédez à nos Chansons, cédez à nos Musettes,
Joüissez en ces lieux des charmes les plus doux,
Les oyseaux, les échos de ces belles retraites,
Pour vous y retenir s'unissent avec nous.

Deux BERGERS.

Tout doit icy fléchir un cœur sauvage,
Nos bois charmans
Sont faits pour les amans.
Ils sont toûjours
Parez d'un vert feüillage:
Ah! que leur ombrage
Est d'un doux secours.
Que de beaux jours,
L'Amour nous y prépare,

Heureux qui s'égare
Dans leurs beaux détours :
Heureux qui s'égare
Avec les amours.

Un BERGER.

L'amour est pour le bel âge ;
Le plus tendre est le plus sage :
L'amour est pour le bel âge ,
Livrons-nous à ses langueurs.

LE CHOEUR.

L'amour est pour le bel âge ;
Le plus tendre est le plus sage :
L'amour est pour le bel age ,
Livrons-nous à ses langueurs.

LE BERGER.

Il se plaist dans nos bocages
Pour blesser les cœurs sauvages ;
Il se cache sous les fleurs:
L'amour est pour le bel âge ;
Le plus tendre est le plus sage :
L'amour est pour le bel âge ,
Livrons-nous à ses langueurs.

LE CHOEUR.

L'amour est pour le bel âge,
Le plus tendre est le plus sage:
L'amour est pour le bel age,
Livrons-nous à ses langueurs.
Trop heureux ceux qu'il engage,
L'amour est un esclavage,
Mais ses fers ont des douceurs.

Une BERGERE.

Aimons tous dans la jeunesse,
Eh! que faire sans tendresse!
Aimons tous dans la jeunesse,
L'amour est le bien des cœurs.

LE CHOEUR.

Aimons tous dans la jeunesse,
Eh! que faire sans tendresse!
Aimons tous dans la jeunesse,
L'amour est le bien des cœurs.

LA BERGERE.

Chaque tems a sa sagesse,
Attendons que la vieillesse
Vienne éteindre nos ardeurs.

Aimons tous, dans la jeuneſſe,
Eh! que faire ſans tendreſſe!
Aimons tous dans la jeuneſſe,
L'amour eſt le bien des cœurs.

LE CHOEUR.

Aimons tous dans la jenneſſe,
Eh! que faire ſans tendreſſe!
Aimons tous dans la jeuneſſe,
L'amour eſt le bien des cœurs.
Qu'avec nous il ſoit ſans ceſſe,
Il nous plaiſt quand il nous bleſſe,
Tous ſes coups ſont des faveurs.

AMADIS,

Ceſſez cette importune feſte,
C'eſt vainement qu'en ces lieux on m'arreſte.

SCENE QUATRIE'ME.

AMADIS, MELISSE, LE PRINCE de Thrace.

MELISSE.

Quoy, tout trompera mon espoir?
Amadis, se peut-il que rien ne vous flêchisse?
Ah! du moins, si sur vous leur voix est sans pouvoir,
Cedez à celle de Melisse.

AMADIS.

Ce n'est qu'à la voix du devoir
Qu'il faut qu'un grand cœur obéisse.

MELISSE.

C'en est donc fait, tu pars, tu braves ma douleur,
Je n'ay pour t'arrester que d'inutiles charmes;
Ingrat, mets-tu ta gloire à mépriser mes larmes?
Ton bonheur dépend-t'il de me percer le cœur?
Ah! plus je m'attendris, moins je te vois sensible,
Tu détourne les yeux, & déja tu me fuis.
Tu te fais un suplice horrible
D'estre encor aux lieux où je suis.

AMADIS.

Melisse, ce n'est qu'à la gloire......

MELISSE.

Non, non, ne poursuit pas ce langage odieux,
Je sçais trop ce que je dois croire,
L'amour, le seul amour, t'arrache de ces lieux;

L'image de Niquée a porté dans ton ame
Des feux dont tu fais ton bonheur......

Son nom même, son nom vient d'emouvoir ton cœur,
Et tes yeux trahissent ta flame.

AMADIS.

Pourquoy voulez-vous m'engager
Quand je suis sous les loix d'un autre?
Un cœur capable de changer
Ne seroit pas digne du vôtre.

MELISSE.

Quoy! cruel, c'est donc peu de le voir dans tes yeux!
Tu m'oses faire encor un aveu si funeste.
Je ne t'ay donc offert qu'un amour odieux
Et qu'un cœur que le tien déteste?

En vain j'ay rassemblé les plaisirs & les jeux,
En vain j'ay de mon Art épuisé la puissance;
Pour toy tout devenoit affreux,
Par mes soûpirs & ma présence.

C'en est trop le dépit succéde à mon transport.
Je ne te retiens plus, tu peux partir..... barbare,
Va braver les perils que le sort te prépare,
Cours, vole à ta Princesse, ou plûtost à la mort.....
A la mort! Quoy, ton cœur la préfere à Melisse?
Tu me quittes pour la chercher?
Mon desespoir, mes pleurs, n'ont rien qui t'attendrisse.

AMADIS.

Il ne m'est pas permis de m'en laisser toucher.

MELISSE.

Suis-donc, cruel, une gloire fatale,
Va perir pour d'autres appas.

Que des monstres sur toy, la rage se signale,
Que cent Geans affreux te livrent cent combats,
Et qu'un gouffre de flame achevant ton trépas,
Te vomisse expirant aux pieds de ma Rivale.

AMADIS.

O Ciel! peut-on former des vœux si pleins d'horreur:
Ah! fuyons, ma presence irrite sa fureur.

SCENE CINQUIE'ME.

MELISSE, seule.

LE cruel m'abandonne, il fuit, il me déteste,
Dieux! quel supplice il me fait éprouver!
Je luy parois un objet plus funeste,
Que les monstres qu'il va braver.
Eh bien, ingrat, céde au feu qui t'entraîne,
Poursuis tes amoureux projets;
Mais en vain ta valeur te répond du succés,
Tu t'es flatté d'une esperance vaine,
Les Monstres, les Geans peuvent estre défaits;
Mais tu ne peux vaincre ma haine.

Fin du premier Acte.

ACTE II.

Le Théatre represente le Perron enflâmé qui deffendoit la Gloire de Niquée.

SCENE PREMIERE.

AMADIS, LE PRINCE DE THRACE.

AMADIS.

Ces feux excitent mon courage,
C'est le dernier peril qu'il me reste à tenter,
Cent monstres vainement m'on opposé leur rage,
Tu me les as vus surmonter;
Et je me suis fait un passage
Teint du sang des Geans qui vouloient m'arrester.

Mais qu'annoncent ces mots? il faut nous en instruire,
Hastons-nous de les lire,

LE PRINCE DE THRACE lit ces mots, qui sont écrits sur le Perron.

Un seul peut passer dans ces feux,
Un seul doit y trouver une gloire immortelle;
C'est l'Amant le plus genereux,
Et le Heros le plus fidelle.

AMADIS.

Ah! je connois icy ma flame & ma valeur,
Le sort va remplir sa promesse;
Non, je n'en doute plus, je touche a mon bonheur,
Je suis prest de voir ma Princesse,
Mille secrets plaisirs l'annoncent à mon cœur.

Au Prince de Thrace.

Cher Prince, sois heureux autant que je vais l'estre,
Puisse le Ciel combler tout tes desirs;
Ce n'est plus que par tes plaisirs,
Que les miens pourront croistre.

Il s'avance pour traverser les flâmes.

LE PRINCE DE THRACE.

Arreste, & connois-moy.

AMADIS.

Qu'entends-je? je fremy.

LE PRINCE DE THRACE.

J'oppose encor ce bras à ton audace
Combats dans le Prince de Thrace,
Ton Rival & ton ennemy.

AMADIS.

Ciel!

LE PRINCE DE THRACE.

Plus charmé que toy des trais de ta Princesse,
Et reduit par son choix à n'en esperer rien,
Je voulois troubler ta tendresse,
Tout mon bonheur estoit de traverser le tien.

Pour te retenir chez Melisse
De ton départ j'ay couru l'avertir:
Mes soins ont esté vains, tu trouves tout propice,
Moy seul à ton bon-heur je ne puis consentir.
C'est pour moy le dernier suplice,
Ton trépas ou le mien sçaura m'en garentir.

AMADIS.

Traistre, perfide Amy, quelle rage te guide!

LE PRINCE DE THRACE.

Ah! ne m'accable point de ces noms rigoureux,
Nos vertus dépendoient du succés de nos vœux,
Et tu serois l'Amy perfide,
Si tu n'estois l'Amant heureux.

AMADIS.

En vain tu prodigues ta vie,
Ton sang me fut trop cher pour y tremper mes mains;
Je veux punir ta perfidie
En te forçant de voir le bonheur que tu crains.

Il traverse les flâmes.

SCENE DEUXIE'ME.

LE PRINCE DE THRACE.

IL m'échape, il brave ma rage;
Allons, il faut le suivre au milieu de ces feux;
Mais quel pouvoir secret m'en deffend le passage?
Tout se brise... ô destin, faut-il le voir heureux?
Melisse, c'est à toy de vanger nostre outrage.

Il sort & va implorer le secours de Mélisse.

Le Perron enflâmé se brise au bruit du tonnerre, & laisse voir la Gloire de Niquée, où elle paroist sous un Pavillon magnifique, au milieu de Chevaliers & de Princesses enchantées avec elle.

SCENE TROISIE'ME.

AMADIS NIQUE'E, Troupe de Chevaliers & de Princesses enchantées.

NIQUE'E descend de son Trône.

QU'entends-je? de quel bruit ont retenty ces lieux?
Ciel! est-ce mon Héros qui paroist à mes yeux?

AMADIS.

Que d'attraits, quelle gloire extréme!
Princesse, que mon cœur éprouve un sort charmant;
Quand je romps vostre enchantement,
Je demeure enchanté moy-mesme.

Un prix trop éclatant couronne mes exploits,
Je vous vois, je vous aime, & je puis vous le dire;
Non, pour tous les transports que je sens à la fois
Tout mon cœur ne sçauroit suffire.

NIQUE'E.

Qu'il m'est doux d'enflamer d'une si vive ardeur
Un Héros pour qui la Victoire....
Mais, n'est-ce point un songe, estes-vous ce vainqueur,
Vois-je cet Amadis si chery de la Gloire?

Helas! tout m'engage à le croire,
Vos exploits, mes yeux & mon cœur.

Qu'ay-je dit? où m'emporte un excés de tendresse?

AMADIS.

Craignez-vous de me faire un aveu trop charmant.

NIQUE'E.

Non, vous sçavez trop ma foiblesse,
Je la cacherois vainement.

Mais pourquoy mon amour craindroit-il de paroître,
Dois-je rougir des trais dont je me sens blesser?
La Gloire helas! peut-elle s'offencer
D'une flâme qu'elle a fait naistre.

AMADIS.

Ah! j'éprouve en cet instant même
Le moment le plus doux de mon plus heureux jour;
Vous m'aimez, ma gloire est extrême,
Et mon bonheur égale mon amour.

NIQUE'E.

L'éclat de vos vertus & celuy de vos armes
Engageoient le Ciel mesme à couronner vos vœux,
Que ne redouble-t'il mes charmes
Pour vous rendre encor plus heureux.

NIQUE'E & AMADIS.

Cedons-nous l'un à l'autre une douce victoire,
Unissons à jamais nos cœurs & nos desirs ;
Vostre estime est toute ma gloire,
Et vostre amour tous mes plaisirs.

NIQUE'E.

Témoins d'une si belle flâme,
Vous qu'avec moy Zirphée enchanta dans ces lieux ;
Par les Chans & les Sons les plus harmonieux
Celebrez l'ardeur de nostre ame.

Les Chevaliers & les Princesses de diverses Nations qui estoient enchantées avec Niquée celebrent son bonheur & la gloire d'Amadis.

Un CHEVALIER enchanté.

Chantons une beauté qui charme tous les cœurs,
Offrons à ses desirs la plus galante feste ;
Ses attraits ont fait la conqueste
Du Vainqueur des Vainqueurs.

CHOEUR.

Chantons sa Victoire,
Celebrons sa Gloire.

Une PRINCESSE enchantée.

Celebrons Amadis & r'animons nos voix,
Son bras & ses vertus forcent tout à se rendre;
Les charmes les plus doux & le cœur le plus tendre,
Sont l'heureux prix de ses Exploits.

CHOEUR.

Chantons sa Victoire,
Celebrons sa Gloire.

Une PRINCESSE enchantée.

Suivons un doux penchant, formons d'aimables nœuds,
Pourquoy passer nos jours à nous contraindre,
Quand l'amour dans nos cœurs vient allumer ses feux,
Rien ne doit les éteindre,
Les maux qu'on en peut craindre
Sont doux à souffrir,
Loin de nous en plaindre,
Craignons d'en guérir.

SECOND COUPLET.

Rendons-nous à l'amour, il doit combler nos vœux,
N'en craignons point les soins ni les allarmes,

Luy

Luy ſeul nous rend heureux ;
Pour les cœurs amoureux
Tout eſt doux juſqu'aux larmes :
Amour, nos cœurs s'empreſſent
De ſentir tes coups,
Plus tes traits nous bleſſent,
Plus ils ſemblent doux.

Un nuage qui avance ſur le Théatre s'ouvre & fait voir Meliſſe ſur un Dragon.

SCENE QUATRIE'ME.

AMADIS, NIQUE'E, MELISSE.

MELISSE.

Tremble, Amadis, tu vois ce qui m'ameine,
Ma présence t'annonce un supplice fatal.
Démons, venez servir ma haine,
Transportez son Amante, où l'attend son Rival.

Des Démons enlevent Niquée.

AMADIS.

Ah ! Ciel.

MELISSE.

Que la fureur, que la rage inhumaine
Détruisent ce Palais trop cher à tes desirs.
Va, porte en d'autres lieux tes cris & tes soûpirs,
Que ton heureux Rival joüisse de ta peine,
Et que ton desespoir croisse par ses plaisirs.

AMADIS à Melisse qui part.

Arreste, implacable furie,
O Dieux, me livrez-vous à cette barbarie !

Fin du second Acte.

ACTE III.

Le Théatre represente une Plaine, coupée de quelques ruisseaux, & au milieu la Fontaine de la Verité d'Amour, ornée de colonnes & de Statuës.

SCENE PREMIERE

AMADIS.

Ve deviens-je! où m'emporte un desespoir affreux!
Je traverse au hazard les Forests & les Plaines,
Je fais tout retentir de mes cris douloureux,
Et par tout mes plaintes sont vaines.

Il s'appuye sur un arbre, & le murmure des ruisseaux le tire de son abbatement.

Vous, dont le bruit se mêle à mes tristes accents,
Coulez, charmans ruisseaux, répondez-moy sans cesse,
Murmurez avec moy des maux que je ressens.
Helas! on m'a ravy l'objet de ma tendresse;
D'inutiles soûpirs, des regrets impuissans,
Sont l'unique bien qu'on me laisse:
Vous, dont le bruit se mêle à mes tristes accents,
Coulez, charmans ruisseaux, répondez-moy sans cesse,
Murmurez avec moy des maux que je ressens.

Mais quoy! je reconnois cette Grotte enchantée,
Ses Eaux de leur destin instruisent les Amans.
Il faut que mon ame agitée
Y trouve du secours, ou de nouveaux tourmens.

Il regarde dans la Fontaine.

Que vois-je! ô coup mortel! Puis-je en douter encore?
Mon Rival aux genoux de l'objet que j'adore!
Tous deux semblent contens. Est-il possible, ô Cieux!
Ah! la parjure! ah! l'infidelle!
Helas! il est trop vray... Je le vois à ses yeux:
La perfide luy jure une ardeur éternelle.

O sort, je puis enfin défier ton couroux;
Voilà le dernier de tes coups.

Il tombe évanoüy sur un gazon.

SCENE DEUXIE'ME.

AMADIS, MELISSE.

MELISSE, s'approche d'Amadis.

EH bien, es-tu contente, inhumaine Melisse?
Son cœur d'assez de maux se sent-il déchirer?
Cruelle, assouvi-toy de son dernier supplice,
Soule-toy du plaisir de le voir expirer.

Quoy? puis-je vouloir qu'il expire?
Non, non; le mesme coup me raviroit le jour:
Helas! plus je le vois & plus mon cœur soûpire:
Ciel! tout mourant qu'il est, qu'il m'inspire d'amour!

Qu'il vive. Opposons-nous à sa langueur mortelle.
Amadis, Amadis, vivez, c'est trop souffrir;
Reconnoissez la voix qui vous appelle
Cher Prince

AMADIS entr'ouvrant les yeux.

Ah! laissez-moy mourir.

MELISSE.

Pour un indigne cœur, faut-il tant s'attendrir?
Vôtre Princesse est infidelle.
Vivez:

AMADIS.

Non, laissez-moy mourir.

MELISSE.

Quoy? vous ne perdrez point cette cruelle envie?
Vous verrez sans pitié mes soûpirs & mes pleurs?
Helas! si vous mourrez, je meurs:
Voulez-vous m'arracher la vie.

AMADIS se leve, sans penser à Melisse.

Malheureux, n'est-ce point quelque charme trompeur?
Mes yeux l'ont ils bien vû.... quelle foiblesse extrême,
Lasche, pour tromper ma douleur
Je cherche à m'abuser moy-mesme.

Quoy? cet objet de mon amour
Pour qui je fus rebelle à tous les autres charmes,
Luy, pour qui Melisse en ce jour
Ma vû braver sa fureur & ses larmes.

MELISSE.

Le cruel! il m'outrage, & sçait que je l'entends.

AMADIS continuë, sans penser à elle.

Ce cœur dont j'attendois le bonheur de ma vie
Me livre aux plus cruels tourmens;

Le mesme jour, témoin de ses sermens,
L'est aussi de sa perfidie.

Et je vis ! ma douleur n'a pas tranché mes jours !
Il faut donc de ce fer emprunter le secours.

Il tire son épée pour s'en fraper Melisse s'en saisit.

MELISSE.

Arrestez, Amadis.

AMADIS.

Ah ! barbare Melisse :
N'est-ce donc pas assez des maux que j'ay soufferts ?
Mes tourmens vous sont ils si chers
Pour ne pouvoir souffrir que la mort les finisse ?

MELISSE.

Ne peux-tu sans mourir terminer ton supplice ?

Consens à de nouveaux soûpirs :
N'aime plus qui te hait, & ne hais plus qui t'aime ;
Mes soins préviendront tes desirs,
J'en feray mon bonheur suprême,
Mon amour sur tes pas conduira les plaisirs ;
C'est assez qu'avec eux tu me souffres moy-mesme.

AMADIS.

Non, non, vos vœux offerts, & les miens méprisez
Ne me rendront point infidelle.

Gardez ces vains plaisirs que vous me proposez,
Je ne veux rien de vous, cruelle,
Que le trépas que vous me refusez.

MELISSE.

Quoy? toûjours charmé d'une ingrate,
Les injustes mépris ne cesseront jamais.

AMADIS.

En vain sa perfidie éclatte,
Je l'aime encore autant que je vous hais.

Vous me l'avez ravy cet objet que j'adore;
Vous avez servy mon Rival;
Sans vous, sans ce secours fatal,
L'ingrate m'aimeroit encore.

Je ne puis trop vous détester,
Tous mes malheurs sont vostre ouvrage.
Inhumaine achevez.... qui peut vous arrester,
N'osez-vous dans mon sang consommer vostre rage?
Je voudrois pour vous irriter
Pouvoir vous faire encor quelque nouvel outrage:
Frapez, vous devez vous haster,
Je sens qu'à chaque instant je vous hais d'avantage,

MELISSE.

MELISSE.

Je céde enfin, c'est trop souffrir,
Mon cœur à sa rage se livre;
Mais, n'espere pas de mourir,
Cruel, dans les tourmens je veux te faire vivre.

Que l'horreur regne en ces deserts,
Qu'il devienne pour luy l'image des enfers.

Des Démons volans brisent les ornemens de la Fontaine, ils déracinent les Arbres, & renversent les Rochers; l'Amour effrayé s'envole, & le Théatre se change en un Enfer.

MELISSE.

Et vous de mes fureurs, Ministres redoutables,
Accourez, accourez; venez servir mes vœux.

Des Magiciens viennent à la voix de Melisse, & se préparent à servir sa fureur.

MELISSE.

Faites naistre en ces lieux des Monstres effroyables,
Qu'on n'y respire que des feux.

Il sort des Monstres du sein de la terre, & il tombe une pluye de feu.

MELISSE.

Qu'on ne puisse inventer des horreurs comparables,
Et que l'Enfer soit moins affreux.

CHOEUR.

Nous sommes prests à servir ta fureur
Exerçons à ses yeux un funeste ravage,
Que le Barbare apprenne à redouter ta rage,
Jettons dans ses esprits l'épouvante & l'horreur.

Les Monstres & les Démons s'unissent pour le supplice d'Amadis.

CHOEUR de Magiciens.

Tremble, Amadis, crains la mort, crains les fers,
Cet émbrazement, ce ravage,
Les rochers renversez, les abîmes ouverts,
Sont les essais de nostre rage.

AMADIS.

A quoy par ces horreurs pensez-vous me contraindre?
Amadis peut mourir, mais il ne sçauroit craindre.

MELISSE.

Cessez, il doit sentir de plus vives douleurs,
Je luy reserve une autre peine.
Qu'il aille en mon Palais éprouver les malheurs
Qu'il vient de voir dans la Fontaine,
Son desespoir au mien ne sçauroit estre égal,
S'il ne voit sa Princesse adorer son Rival.

Fin du troisiéme Acte.

ACTE IV.

Le Théatre represente un endroit du Palais de Melisse borné de la Mer.

SCENE PREMIERE.

MELISSE, LE PRINCE DE THRACE.

LE PRINCE DE THRACE.

Je parois, Amadis, aux yeux de la Princesse,
Elle me jure une fidelle ardeur.
Mais c'est à mon Rival que son serment s'adresse,
Et vous trompez ses yeux sans seduire son cœur.

Que me sert ce secours, elle est toûjours la mesme.
Rien ne brise le nœud que son cœur a formé.
Plus elle assûre qu'elle m'aime,
Plus je connois qu'Amadis est aimé,

MELISSE.

C'est pour vostre Rival une tendresse vaine,
Vous l'empeschez d'en goûter les appas ;
Faites vos plaisirs de sa peine,
Vous estes trop heureux de ce qu'il ne l'est pas.
Demeurez en ces lieux, attendez la Princesse,
Je veux rendre Amadis témoin de vos discours
Pour voir l'ingrat sensible à ma tendresse,
Il faut de son dépit emprunter le secours.

LE PRINCE DE THRACE.

Quoy ? devant la Princesse Amadis va paroistre ?

MELISSE.

Ne craignez rien, ses yeux doivent le méconnoistre.

SCENE DEUXIE'ME.

LE PRINCE DE THRACE.

HElas ! rien n'adoucit l'excés de mon malheur.

Vous, flots impetueux qui battez ce rivage,
Non, jamais les vents en fureur
N'ont excité ſur vous un plus affreux orage,
Que celuy qui trouble mon cœur.
Je me ſens penetré d'une ſecrette horreur,
Tout l'accroiſt, rien ne la ſoûlage ;
Je trahis mon amy ſans ſervir mon ardeur ;
Mon innocence & mon bonheur
Ont fait enſemble un funeſte naufrage.

Vous, flots impetueux qui battez ce rivage,
Non, jamais les vents en fureur
N'ont excité ſur vous un plus affreux orage,
Que celuy qui trouble mon cœur.

Il faut ſortir de ce trouble fatal
Par le trépas de mon Rival.
On vient ; La Princeſſe s'avance,
Contraignons-nous en ſa preſence.

SCENE TROISIE'ME.

LE PRINCE DE THRACE, NIQUE'E qui prend le Prince de Thrace pour Amadis.

NIQUE'E.

AMadis, tout nous rit en ce charmant séjour,
Melisse céde à nostre amour;
En faveur de nos feux, elle a vaincu sa haine.
Une nouvelle feste, en ces lieux, dans ce jour,
Va par son ordre encor celebrer nostre chaisne.
Bien-tost un doux Himen comblera nos desirs....
Mais cet air interdit m'apprend que je m'abuse;
Quoy! tout conspire à nos plaisirs,
Et vostre cœur seul s'y refuse?

LE PRINCE DE THRACE.

Ah! mon trouble est l'effet de l'excés de mes feux,
Si je vous aimois moins, je serois plus heureux.

NIQUE'E.

O Ciel! que dites-vous? ma surprise est extrême,
Puis-je entendre ces mots d'une bouche que j'aime!

Est-ce ainsi qu'on doit s'enflâmer?
Un cœur vraiment touché, cherit son esclavage,
Le mien, en vous aimant, autant qu'il peut aimer,
Voudroit encor vous aimer davantage.

LE PRINCE DE THRACE.

Non, vostre cœur pour moy, n'est pas assez épris.
La gloire seule allume vostre flâme.
Vous cédez à l'éclat du grand Nom d'Amadis.
Plûtost qu'à l'ardeur de mon ame.

NIQUE'E.

Je n'entends rien à ce détour;
Mais tout m'est cher en vous, & la gloire & l'amour.

Promettons-nous cent fois la plus vive tendresse;
Que rien n'en finisse le cours.
Le plus doux des plaisirs est de s'aimer sans cesse.
Et de se le dire toûjours.

Ce Concert nous annonce une Feste Galante,
Voyons les Jeux qu'on nous presente.

SCENE QUATRIE'ME.

NIQUE'E, LE PRINCE DE THRACE, MELISSE.

Une Troupe de Matelots vient par l'ordre de Melisse executer les Jeux qu'elle a fait preparer.

LE CONDUCTEUR de la Feste.

Goûtez, malgré les vents, la plus charmante paix,
Ne craignez plus le naufrage,
Vivez heureux, triomphez à jamais
Des écüeils & de l'orage.

CHOEUR.

Goûtez, malgré les vents, la plus charmante paix,
Ne craignez plus le naufrage,
Vivez heureux, triomphez à jamais
Des écüeils & de l'orage.

Un MATELOT.

Le vent nous appelle,
La Saison est belle,
Il faut s'embarquer.

CHOEUR.

LE CHOEUR.

Le Vent nous appelle,
La Saison est belle,
Il faut s'embarquer.

LE MATELOT.

Pourquoy se défendre
D'un commerce tendre,
C'est perdre, qu'attendre;
Que pouvons-nous risquer?
Le Vent, &c.

LE CHOEUR.

Le Vent, &c.

LE MATELOT.

Sans verser des larmes,
Ni souffrir d'allarmes,
Un Port plein de charmes
Ne peut nous manquer:
Quand un cœur s'engage
Au temps du bel âge,
Les vents ni l'orage
N'osent l'attaquer.
Le Vent, &c.

LE CHOEUR.

Le Vent, &c.

On danse.

LE MATELOT.

L'Amour qui nous mene
Nous conduit sans peine,
Au Port des plaisirs.

LE CHOEUR.

L'Amour qui nous mene
Nous conduit sans peine,
Au Port des plaisirs.

LE MATELOT.

Quittons le rivage,
Sans peur du naufrage;
Risquons le voyage,
Sur la foy des Zephirs.

LE CHOEUR. *L'Amour, &c.*

LE MATELOT.

Jamais de tourmente,
Quels beaux jours presente
La saison charmante
Des tendres desirs!
Tout rit sur la route;
Faut-il qu'on redoute
Un bien qui ne coûte
Que de doux soûpirs!
L'Amour, &c.

LE CHOEUR, *l'Amour, &c.*

Pendant la Feste, le Prince de Thrace apperçoit Amadis, & sort pour le combatre.

NIQUE'E.

Le chercheray-je en vain, que faut-il que je pense,
Qui peut me ravir sa presence?

Cessez, Jeux importuns, d'animer nos desirs,
Vous ne sçauriez calmer l'ennuy qui me devore,
C'est dans les yeux du Heros que j'adore,
Que mon cœur cherche ses plaisirs.

SCENE CINQUIE'ME.

MELISSE, NIQUE'E.

MELISSE.

Q'Vai-je vû, Dieux cruels!

NIQUE'E.

De quoy dois-je vous plaindre.

MELISSE.

Apprend tout, je ne veux plus feindre.

Sous les traits d'Amadis, je t'offrois son Rival,
Ton cœur luy promettoit d'éternelles tendresses,
Je rendois Amadis témoin de tes promesses;
Helas! j'en esperois un succés moins fatal.

NIQUE'E.

Quoy!

MELISSE.

Le Prince n'a pû soûtenir sa présence,
Je l'ay vû d'Amadis défier le couroux;
Mais Amadis d'un fer qu'a saisi sa vengeance.
L'a fait en combattant expirer sous ses coups.

NIQUE'E.

Pourquoy me trompiez-vous par cette ressemblance.

MELISSE.

Va, ne crains plus d'erreur, tu vas voir ton Amant,
Mais tu ne le verras que pour voir son tourment.

Fin du quatriéme Acte.

ACTE V.

Le Théatre represente un Antre affreux, destiné aux enchantemens de Melisse.

SCENE PREMIERE.

MELISSE.

Dieux ! quelle horreur s'empare de mon ame !
Cruelle, dans quel sang veux-je éteindre ma flame !

Mais l'Ingrat m'y contraint, rien ne peut l'attendrir,
Plus je l'adore & plus il me déteste.
Ah ! joüissons du moins de la douceur funeste
De m'en vanger & de mourir.

On m'ameine Amadis, & l'objet qui l'engage:
Amour, sors de mon cœur & laisse agir ma rage.

SCENE DEUXIE'ME.

MELISSE, AMADIS enchaîné, NIQUE'E enchaînée.

NIQUE'E.

Ciel! sur qui sa fureur va-t'elle s'exercer?

AMADIS.

Epuisez sur moy seul vostre haîne implacable.

TOUS DEUX.

Si nostre amour a pû vous offencer,
Ne frapez que mon cœur, il est le plus coupable.

MELISSE levant le bras sur Amadis.

Barbare, c'est par toy que je vais commencer.

NIQUE'E s'évanoüit.

Ah Ciel!

MELISSE.

Mais d'où me vient cette pitié soudaine?
Par quel charme mon bras se sent-il arrester?
Ah! ma flâme est encor plus forte que ma haîne,
Et je sens tous les coups que je te veux porter.

AMADIS.

Helas! de quoy me sert la pitié qui vous presse,
Quand je tremble pour ma Princesse.
Ah! voyez de quels maux elle sent la rigueur.

MELISSE.

Quoy! peux-tu te flatter que son sort m'attendrisse?
Non, tu la plains, sa mort va faire ton suplice,
Je veux te frapper dans son cœur.

AMADIS.

Juste Ciel!

MELISSE.

Mais c'est peu pour vanger ma tendresse,
Je te veux avec elle enchanter en ces lieux.
Tu la verras mourir sans cesse,
Et le sang ruisselant du sein de ta Princesse,
Sera l'unique objet qui frapera tes yeux.

AMADIS.

Qu'entends-je! ô Ciel: quelle furie!
Dieux, qui voyez ces projets inhumains,
Protégez-vous la barbarie?
Que sert la foudre dans vos mains?
Ah prévenez la cruelle Melisse!
N'attendez pas l'effet de son couroux,
Que vos Foudres vangeurs l'écrasent sous leurs coups,
Ou que la Terre l'engloutisse.....
Que dis-je malheureux! j'anime ses fureurs.

Ah! je tombe à vos pieds, rendez-vous à mes pleurs,
Cédez à nostre amour, & surmontez le vostre.
Quoy! voulez-vous punir nos cœurs
D'avoir esté faits l'un pour l'autre.

MELISSE.

Tes pleurs & tes ſoupirs ſont vains
Cruel, ils m'outragent encore.

AMADIS, en ſe relevant.

O Mort! arrache-moy de ſes barbares mains;
Ce n'eſt plus que toy que j'implore.

Il s'abandonne à ſon deſeſpoir & s'appuye contre un Rocher.

MELISSE.

Manes de ſon Rival, Prince trop malheureux,
Obéïs à ma voix, ſors du Royaume ſombre;
Pour un enchantement affreux,
Mon Art attend le ſecours de ton ombre:
Viens te joindre avec moy pour contraindre le ſort
A ſervir ma fureur extrême;
Hâte-toy, ſors des lieux où t'enchaîne la Mort,
Et viens m'aider à te vanger toy-même.
Manes de ſon Rival, Prince trop malheureux,
Obéïs à ma voix, ſors du Royaume ſombre;
Pour un enchantement affreux,
Mon Art attend le ſecours de ton ombre.

Une noire vapeur s'éléve dans les Airs;
L'Ombre vient ſeconder ma rage.

SCENE TROISIE'ME.

L'Ombre du Prince de Thrace.

Acteurs de la Scene précedente.

L'OMBRE.

TEs cris ont pénétré jusqu'au sombre rivage,
Et je sors malgré moy du séjour des Enfers.

Les Dieux vangeurs de l'injustice
Protégent contre toy ces fideles Amans,
Et m'imposent pour mon suplice
De venir t'annoncer la fin de leurs tourmens.

Il disparoist.

SCENE QUATRIE'ME.

MELISSE, AMADIS, NIQUE'E qui a repris ses esprits.

MELISSE.

O Ciel! injuste Ciel! barbare violence.
Quoy? je ne puis punir des mépris odieux.
Est-ce donc pour vous seuls, impitoyables Dieux!
Que vous reservez la vengeance?

Non,

Non, non, malgré vostre secours
Il faut que ma Rivale expire....

Elle veut avancer vers Niquée,
& se sent arrester.

Mais je le veux en vain ... vous défendez ses jours.
Le Ciel & les Enfers, contre moy tout conspire.

Je vous entens, grands Dieux, il faut finir mon sort,
Et l'Arrest de sa vie est l'Arrest de ma mort.

Elle se frape.

C'en est fait, Amadis, ta flâme est triomphante;
Ton Ennemie expire ou plûtôt ton Amante.
Mais toy, ne me hais plus, pardonne à ma fureur
Les maux que je t'ay voulu faire.....
Helas! tu t'attendris, tu me vois sans horreur,
Voilà le seul état où je pouvois te plaire,
C'estoit ton unique desir.....
Mais je m'affoiblis, je chancelle,
Un froid mortel vient me saisir,
Trop heureuse en tombant dans la nuit éternelle,
Si ma mort t'arrache un soûpir.

NIQUE'E

Que je la plains!

AMADIS.

Que son sort est tragique!

TOUS DEUX.

Mais, quel éclat! quels Sons harmonieux!
Qui peut changer ces tristes lieux
En un sejour si magnifique?

L'Antre se change en un Palais éclatant, & Zirphée paroist sur un nuage.

NIQUE'E.

Que vois-je? est-ce Zirphée, en croiray-je mes yeux?

SCENE CINQUIE'ME.

ZIRPH'EE, AMADIS, & NIQUE'E.

ZIRPHE'E.

Tous vos maux ſont finis, ceſſez de vous en plaindre,
Qu'un tendre Himen vienne les reparer.
Voſtre amour n'a plus rien à craindre
Qu'il n'ait plus rien à deſirer.

AMADIS.

Ah! pouvois-je eſperer une faveur ſi grande?

NIQUE'E.

Que ne vous dois-je point pour de ſi doux bienfaits.

ZIRPHE'E.

Aimez-vous à jamais,
C'eſt tout le prix que j'en demande.

Vous, qui vous empreſſez pour ſervir mes deſirs,
Par mille Jeux nouveaux, celebrez leurs plaiſirs.

SCENE DERNIERE.

NIQUE'E, AMADIS, ZIRPHE'E.

Des Esprits sous la forme de Guerriers, portent des Drapeaux où sont representez les Exploits d'Amadis. D'autres, sous la forme de divers Peuples, dont Amadis a soûtenu la gloire, portent des Couronnes ou des Trophées; & d'autres, sous la forme des Beautez les plus fameuses, viennent rendre hommage à la beauté de Niquée.

CHOEUR.

Que les Ris, que les Jeux regnent dans ces retraites,
Formons les plus charmans Concerts,
Que le bruit des Tambours, que le Son des Trompettes
En fassent retentir les Airs.

Fin du cinquiéme & dernier Acte.

PRIVILEGE GENERAL.

LOUIS PAR LA GRACE DE DIEU, ROY DE FRANCE ET DE NAVARRE: à nos amez & feaux Conseillers, les Gens tenant nos Cours de Parlement, Maîtres des Requêtes ordinaires de nôtre Hôtel, Grand Conseil, Prévôt de Paris, Baillifs, Senéchaux, leurs Lieutenants Civils, & autres nos Justiciers qu'il appartiendra; SALUT: Le Sieur GUYENET, nôtre Conseiller-Tresorier-General-Receveur & Payeur des Rentes de l'Hôtel de nôtre bonne Ville de Paris, Nous a fait remontrer qu'ayant obtenu de Nous le Privilege de faire representer les OPERA durant le temps de dix années, à compter du premier Mars 1709. Il auroit depuis acquis les Privileges que Nous avions cy-devant accordez aux Sieurs de Francini, de Lully fils, & Ballard, pour l'impression desdits OPERA, lesquels il desireroit donner au Public, s'il Nous plaisoit luy accorder nos Lettres de Privilege sur ce necessaires. A CES CAUSES, desirant favorablement traiter l'Exposant, attendu les grandes dépenses qu'il convient faire, tant pour l'Impression que pour la Gravure en Taille-douce des Planches dont ce Livre sera orné. Nous luy avons permis & permettons par ces présentes de faire imprimer & graver les PAROLES, ET LA MUSIQUE DE TOUS LESDITS OPERA QUI ONT ETE', OU QUI SERONT REPRESENTEZ PAR L'ACADEMIE ROYALE DE MUSIQUE, tant separement, que conjointement, en telle forme, marge, caractere, nombre de Volumes, & de fois que bon luy semblera, & de les faire vendre & debiter par tout nôtre Royaume, pendant le temps de dix années consecutives, à compter du jour de la datte desdites présentes. FAISONS D'EFENSES à toutes personnes de quelque qualité & condition qu'elles puissent être, d'en introduire d'impression étrangere, dans aucun lieu de nôtre obeissance; Et à tous Imprimeurs, Libraires, Graveurs, & autres, d'Imprimer, faire Imprimer, vendre, faire vendre, debiter, ny contrefaire lesdites Impressions, Planches & Figures, en tout ny en partie, sans la permission expresse & par écrit dudit Sieur Exposant, ou de ceux qui auront Droit de luy, à peine de confiscation des Exemplaires contrefaits, de six mil livres d'amende contre chacun des contrevenants; dont un tiers à Nous, un tiers à l'Hôtel-Dieu de Paris, l'autre tiers audit Sieur Exposant, & de tous dépens, dommages & interests: à la charge que ces présentes seront Enregistrées tout au long sur le Registre de la Communauté des Imprimeurs & Libraires de Paris, & ce dans trois mois de la datte d'icelles; Que la Gravure & Impression desdits Opera, sera faite dans nôtre Royaume, & non ailleurs, en bon Papier & en beaux Caracteres conformement aux Reglements de la Librairie; & qu'avant que de les exposer en vente, il en sera mis deux Exemplaires dans nôtre Bibliotheque publique, un dans celle de nôtre Château du Louvre, & un dans celle de nôtre tres-cher & feal Chevalier Chancellier de France le Sieur Phelypeaux, Comte de Pontchartrain, Commandeur de nos Ordres; le tout à peine de nullité des présentes: du contenu desquelles, vous mandons & enjoignons de faire joüir ledit Sieur Exposant, ou ses Ayants cause, pleinement & paisiblement, sans souffrir qu'il leur soit fait aucun trouble ou empêchement. VOULONS que la copie desdites présentes, qui sera imprimée, au commencement ou à la fin desdits Opera, soit tenuë pour dûëment signifiée, & qu'aux copies collationnées, par l'un de nos amez & feaux Conseillers & Secretaires, foy soit ajoûtée comme à l'Original. COMMANDONS au premier nôtre Huissier ou Sergent, de faire pour l'exécution d'icelles, tous Actes requis & necessaires, sans demander autre permission, & nonobstant Clameur de Haro, Charte Normande, & Lettres à ce contraires: CAR tel est nôtre plaisir. DONNE' à Paris le vingt-deuxiéme jour de Juin, l'An de grace 1709. Et de nôtre Regne, le soixante-septiéme. Par le ROY, en son Conseil. Signé, LE COMTE, avec Paraphe, & scellé.

J'ay cedé à Monsieur *Ballard*, seul Imprimeur du Roy pour la Musique, le present Privilege, suivant le Traité fait avec luy le 19e. jour d'Avril 1709. A Paris ce 12. Juillet 1709. Signé, GUYENET.

Registré sur le Registre N. 2. *de la Communauté des Imprimeurs & Libraires de Paris*, *page* 461. No. 901 & 902. *conformément aux Reglements*, & *nottament à l'Arrest du Conseil du* 13. *Aoust* 1703. *A Pa* 12. *Juillet* 1709. *Signé* [illegible]

www.ingramcontent.com/pod-product-compliance
Ingram Content Group UK Ltd.
Pitfield, Milton Keynes, MK11 3LW, UK
UKHW021647260726
13994UKWH00003B/1320

9 782329 498515